Photo by MAC+COB, macandcob.com

글·그림 **루비 로스** Ruby Roth

화가이자 작가, 활동가인 로스는 2003년부터 완전 채식주의자(비건)로 살고 있다. 초등학교에서 아이들에게 미술을 가르치다가, 건강한 음식과 채식, 완전 채식에 대해 아이들이 궁금해한다는 것을 깨닫고 이를 해결해 주기 위해 직접 책을 쓰게 되었다. 그의 첫 번째 책 『우리를 먹지 마세요!(That's Why We Don't Eat Animals)』는 아이들에게 채식을 강요하지 않고, 동물들의 안타까운 모습(특히 축산 농장의 동물들 모습)을 사실적으로 보여 주는 신선하고 색다른 표현으로 채식의 중요성을 일깨워 주면서 큰 반향을 불러일으켰다. 10년 전부터 동물들의 감성적 삶, 영양학, 건강, 완전 채식주의가 환경과 건강에 미치는 이로움, 그리고 가공하지 않은 음식들 등에 관해 연구하고 있다. 지금은 로스앤젤레스에서 살고 있다.

채식은 사랑이다

옮긴이 조약골

평택 대추리, 용산참사 현장, 철거농성장 두리반, 제주 강정마을 등지에서 온 세상의 평화와 생명을 지키는 일을 하고 있다. 해군기지 공사가 강행되고 있는 강정 구럼비 앞바다에서 유유히 헤엄치는 멸종 위기 종 남방큰돌고래 무리를 보고 큰 감명을 받아 '핫핑크돌핀스' 활동을 시작했다. 차별 없는 세상, 쫓겨나지 않는 세상을 만드는 꿈을 갖고 있다.

★ 핫핑크돌핀스 홈페이지 http://www.hotpinkdolphins.org

채식은 사랑이다

1판 1쇄 발행 2013년 5월 30일
1판 3쇄 발행 2015년 3월 10일
글·그림 루비 로스 | 옮긴이 조약골 | 펴낸이 조추자 | 펴낸곳 두레아이들
등록 2002년 4월 26일 제10-2365호 | 주소 서울시 마포구 마포대로 14가길 4-11(공덕동 105-225)
전화 02)702-2119, 703-8781 | 팩스 02)715-9420
이메일 dourei@chol.com | 블로그 http://blog.naver.com/dourei

* 가격은 뒤표지에 적혀 있습니다. 잘못 만들어진 책은 바꾸어 드립니다.
* 두레아이들은 도서출판 두레의 어린이책 출판사입니다.
* 이 도서의 국립중앙도서관 출판시도서목록(CIP)은 서지정보유통지원시스템 홈페이지(http://seoji.nl.go.kr)와
  국가자료공동목록시스템(http://www.nl.go.kr/kolisnet)에서 이용하실 수 있습니다.(CIP제어번호: CIP2013004581)

ISBN 978-89-91550-42-1 77840

두레아이들 생태 읽기 7

채식은 사랑이다

루비 로스 글·그림 | 조약골 옮김

두레아이들

지금 이 순간, 크고 작은 모든 사람들에게 더 나은 세상을 만들 수 있는 힘이 있다는 것은 얼마나 놀라운가요! 나이가 더 들 대까지 기다리지 않아도 되고, 법이 바뀌거나 새로운 대통령이 당선되길 기다리지 않아드 괜찮습니다. 우리는 지금 바로 시작할 수 있으니까요.

우리는 동물을 음식이나 옷을 만드는 재료로, 또는 웃고 즐기기 위한 도구로 이용하지 않아도 잘 살아갈 수 있습니다. 우리가 채식주의자로 살아가는 것은 우리의 건강, 동물들, 그리고 지구를 위해 그것이 가장 좋은 방스이기 때문입니다. 채식이 바로 사랑이죠.

전 세계 곳곳에서 동물들이 끔찍하게 취급당하고 있다는 사실을 많은 이들이 알고 있지만 사람들은 대부분 고개를 돌려 외면합니다. 채식을 한다는 것은 우리의 선택이 동물들에게 어떻게 도움이 되거나 해가 되는지, 어떻게 하면 세상의 평호가 찾아오고 또는 세상의 고통이 늘어나는지 깊이 고민한다는 뜻이기도 합니다.

우리가 내리는 선택에는 세상을 바꿀 수 있는 힘이 들어 있습니다.

채식은 사랑입니다.

사랑하며 살아가기

옷

우리는 점박이 옷이나 줄무늬 옷을 좋아합니다.
그 옷들은 우리를 마치 동물처럼 보이게 해 주거든요.
털가죽이나 깃털, 비늘도 아름답긴 마찬가지입니다.
하지만 실제로 이것들을 몸에 지니고 있는 것은 동물들뿐이죠.
오늘날 우리는 동물의 가죽이나 깃털 대신
천연 재료나 인공 물질로 만든 옷을 입을 수 있습니다.

동물의 가죽을 사용하려면 동물에게 고통을
안겨 줄 수밖에 없습니다.
우리 몸이 우리 것인 것처럼 동물의 몸은
동물의 것입니다.

동물 실험

실험실에서 샴푸와 비누, 각종 세제와 여러 제품 들을 실험하기 위해 대개 동물들을 이용합니다. 어떤 실험용 동물들은 야생에서 불법으로 잡혀 오기도 하는데, 실험 과정에서 대부분 병에 걸리거나 죽습니다. 하지만 이렇게 꼭 동물 실험을 해야만 하는 것은 아닙니다. 만약 우리가 동물 실험을 거쳐서 만들어진 제품들을 더 이상 사지 않는다면 그 회사들도 우리의 뜻을 이해하고 동물 실험을 더 이상 하지 않을 거예요.

상품을 살 때 우리가 관심 있는 것이 무엇인지 세상에 보여 줄 수 있습니다. 동물을 학대하지 않고 만든 제품에는 다음과 같은 표시가 붙어 있습니다.

NO ANIMAL INGREDIENTS
(동물 재료 불포함)

(채식)

NO ANIMAL TESTING
(동물 실험 하지 않음)

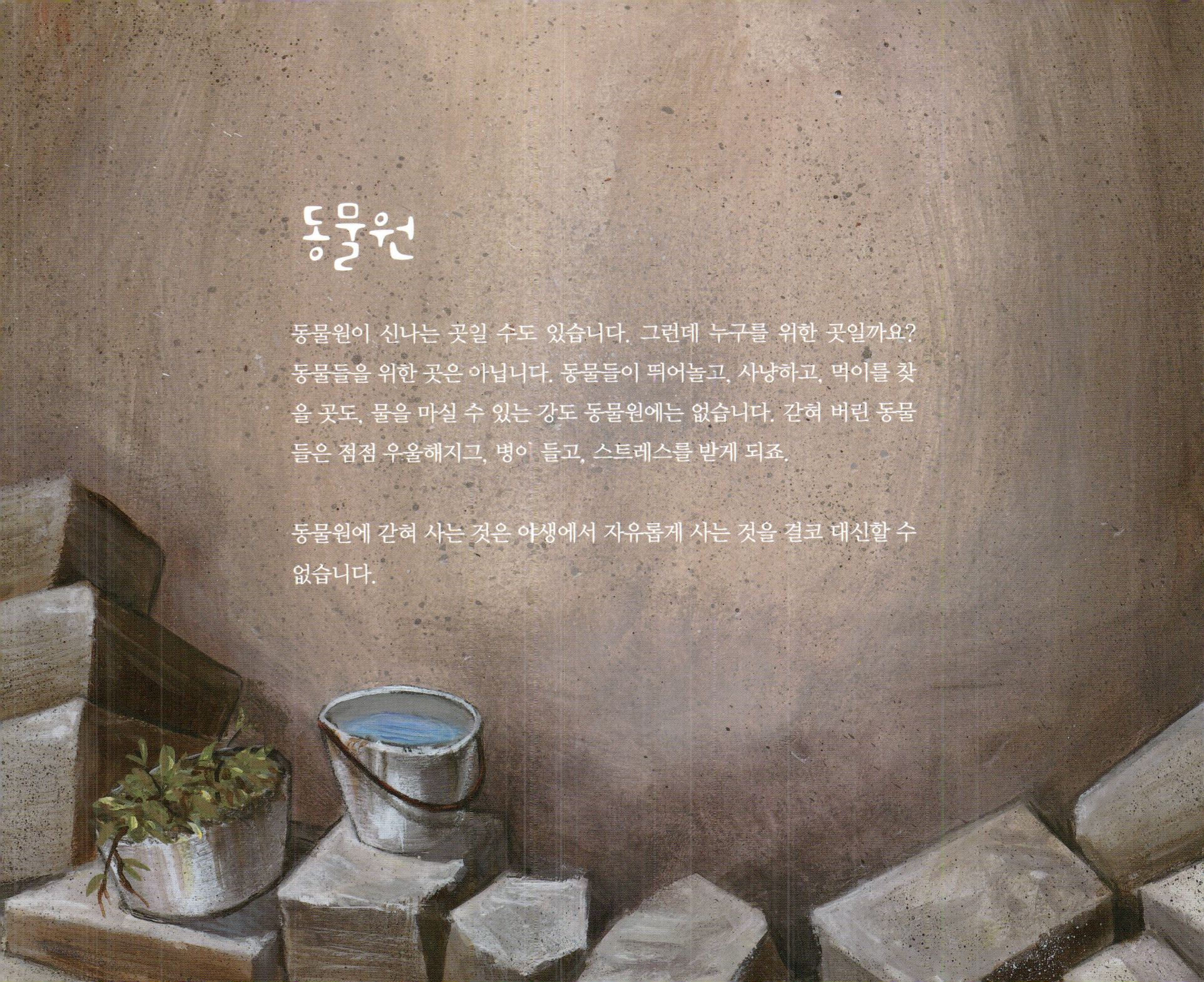

동물원

동물원이 신나는 곳일 수도 있습니다. 그런데 누구를 위한 곳일까요? 동물들을 위한 곳은 아닙니다. 동물들이 뛰어놀고, 사냥하고, 먹이를 찾을 곳도, 물을 마실 수 있는 강도 동물원에는 없습니다. 갇혀 버린 동물들은 점점 우울해지고, 병이 들고, 스트레스를 받게 되죠.

동물원에 갇혀 사는 것은 야생에서 자유롭게 사는 것을 결코 대신할 수 없습니다.

동물들도 우리들처럼 이 지구에서 함께 살아갑니다.

해양 공원과 수족관

해양 공원에 가면 즐겁게 체험하면서 야생 동물들에 대해 배울 수 있다고 홍보합니다. 하지만 감옥과 다를 게 없는 수조에 갇힌 동물들에게서 무엇을 배울 수 있을까요?

야생의 바다에서 범고래는 가족 집단이라 불리는 무리들과 함께 거대한 떼를 지어 살아갑니다. 이들은 물속에 잠수한 채 하루에 160킬로미터까지도 헤엄칠 수 있습니다. 하지만 해양 공원에 갇힌 고래는 마치 인간이 좁은 욕조에 홀로 갇혀 지내는 것과 같은 삶을 살아간답니다.

야생 동물들은 야생에서 살아가야 합니다.
우리가 수족관과 동물원에 가지 않으면 이 동물들이 자유로워질 수 있습니다.

서커스 동물 공연

동물들이 공 위에서 중심을 잡으려고 애를 쓰거나 불이 활활 타는 고리를 뛰어서 통과하고 싶어 하지 않는다는 것은 전문가가 아니더라도 누구나 알 수 있습니다. 하지만 서커스 공연을 해야 하는 동물들은 원하든 원치 않든 이런 기술들을 멋지게 해 보여야 합니다. 그렇지 않으면 밧줄에 묶이거나 몽둥이와 채찍 또는 갈고리로 얻어맞거든요.

동물 공연 진행자가 아무리 쾌활해도 우리를 속이지는 못합니다.
우리는 동물 공연을 보지 않을 테니까요.

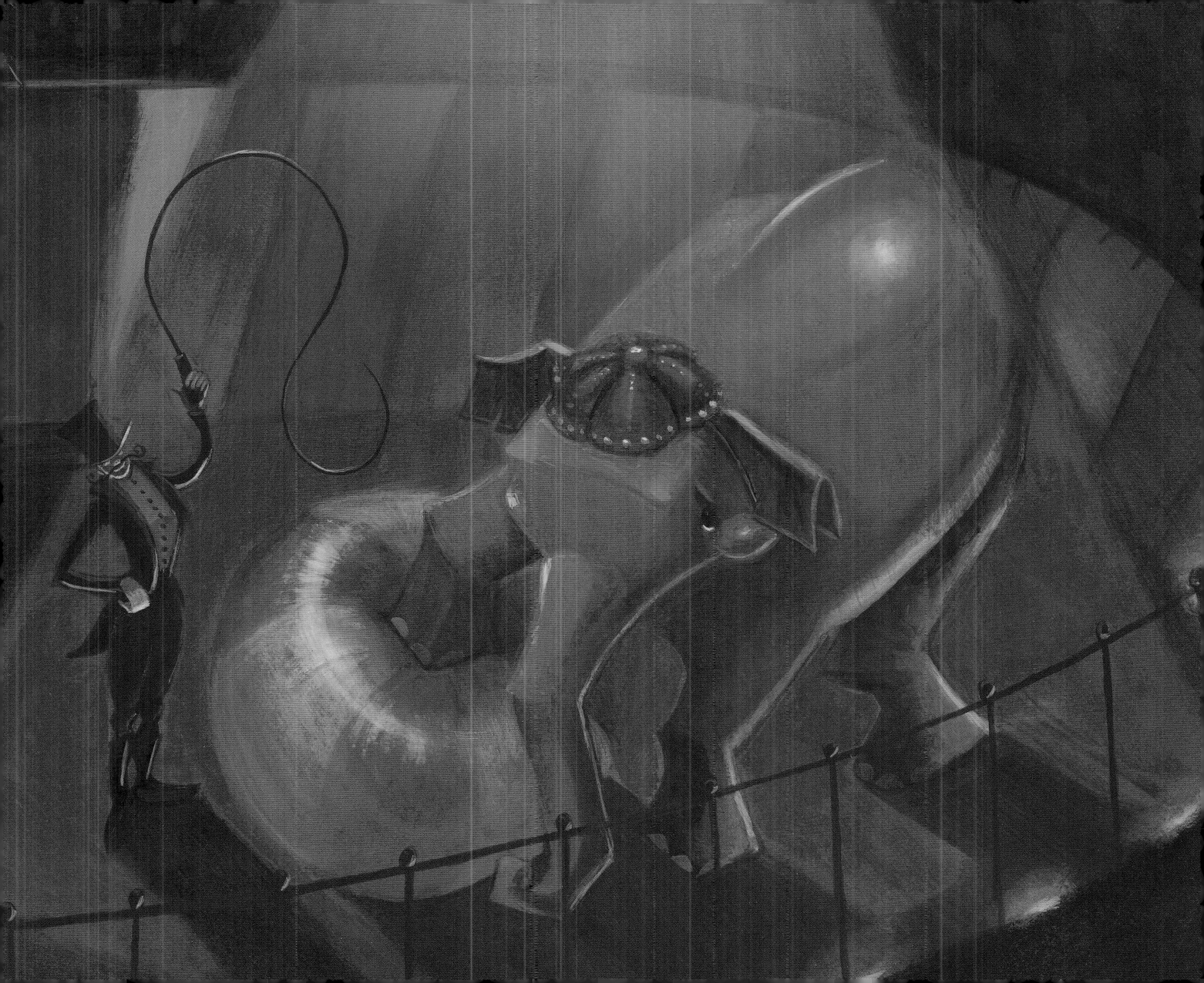

동물 경주

시끄럽고 무시무시한 경주는 동물들에게
매우 위험한 일입니다. 동물들이 많이 다치고
죽기 때문이죠. 경주에 나서지 못하게 된 동물들은
우리에 갇히거나 도살장과 실험실로 보내지거나,
죽음을 맞게 됩니다.

지금 우리가 알고 있는 것을 다른 이들과 함께
나눈다면, 동물들을 비참하게 하는 일에
사람들은 더 이상 참여하지 않을 것입니다.

사냥

요즘 사냥꾼들은 대부분 스스로 용감하고 강하다는 것을 느끼기 위해 사냥을 합니다. 하지만 동물을 죽이는 것은 용기 있는 행동이 아니라 오히려 비겁한 짓입니다. 오늘날 우리에게 필요한 것은 동물들을 잡는 것이 아니라, 이들을 보호하려는 진정한 용기입니다.

소싸움과 로데오

사람들은 동물을 이용하면서 이것을 게임이나, 경연대회, 스포츠라고 부릅니다. 하지만 동물들도 감정을 느끼고, 가족들과 함께 살아가는 본능을 가진 존재라는 사실을 잊어버리곤 합니다.

채식을 하는 사람들은 살아 있는 동물들을 장난감 다루듯 하지 않습니다.

*로데오: 길들지 않은 소나 말에 올라타 버티거나, 소나 말을 굴복시키는 경기-옮긴이.

우리는 사람들이 멋진 동작을 만들어 내는 것을 볼 때 훨씬 더 즐거워합니다.

사랑으로 먹기

건강

사실, 우리는 고기나 우제품을 먹을 필요가 없습니다.
이 세상의 거의 모든 동물들은 초식동물입니다.
그들과 마찬가지로 인간들도 자연에서 자라는 것들을
먹으면서 힘 있고 건강하게 살 수 있습니다. 이렇게 살면
동물성 제품에서 발생하는 화학물질과 지방,
그리고 병균 들은 우리 몸속에 들어올 스 없습니다.
오히려 우리 몸은 사랑과 생명으로 더욱 건강해지게 된답니다.

오늘날 채식을 한다는 것은 더욱 건강하게
살아가는 방식입니다.

죽이지 마세요

근처 농장에서 건강하게 자란 동물이라면
사람들은 그 고기와 유제품을 먹는 것에 늘
거부감이 없습니다.

하지만 동물들이 어두운 우리에 갇혀 지냈든
햇볕을 쬐며 자랐든 상관없이 그들은 모두
고기와 유제품을 만들기 위해 사육되고 있습니다.
그래서 마지막에는 결국 도살되는데,
그 죽음은 폭력적이며 슬픕니다.

채식을 하는 사람들의 행복하고 건강한
몸속으로는 동물들의 그러한 고통과 불행이
들어올 수 없습니다.

환경 오염

축산 농장은 세상의 자동차, 버스, 열차, 비행기가 일으키는 오염을 모두 합한 것보다 많이 환경을 오염시킵니다. 농장에서는 살충제를 뿌려 벌레들을 죽이고, 성장촉진 호르몬제를 사용해 동물들을 비정상적으로 크게 키웁니다. 병든 가축들에게는 독한 약품을 먹이거나 주사를 놓습니다. 또한 축산 농장에서는 가축들의 똥오줌을 강으로 엄청나게 흘려 보냅니다.

독성이 있는 오염 물질들은 몇 천 킬로미터를 떠다니며 강을 오염시킵니다. 이 때문에 물고기가 사라지고, 논밭에서는 새가 모습을 감추며, 갖가지 모양과 색깔의 산호초들이 하얗게 말라 죽습니다. 이런 환경 오염과 함께 육식은 기후 변화까지 불러일으켰습니다.

육식을 하는 인간의 습관은 잘못된 짓입니다.

유기농

가축 대신 식물을 기르는 것이 지구에겐 부담이 적습니다.
유기농으로 농사를 짓는 농민들은 땅을 내 몸같이 돌보며,
자연친화적인 방법으로 일굽니다. 땅을 더 나쁘게 하는 것이나
화학물질들은 사용하지 않죠.

텃밭을 가꾸거나 지역에서 생산된 유기농 식품을 사면
환경은 물론 곤충과 새들도 지킬 수 있습니다. 그러면
벌들은 농작물이 꽃을 피우고, 열매를 맺는 데 도움을 줍니다.
우리가 지구를 가꾸면 지구도 우리를 돌봐 준답니다.

바로 이것이 땅을 건강하게 유지하는 방법입니다.

*유기농: 화학 비료와 농약을 사용하지 않는 농사 방법-옮긴이.

사람들

세계 곳곳에는 지구의 모든 사람들이 먹을 수 있을 만큼 많은 곡물이 자랍니다. 하지만 모두가 곡물을 먹을 수 있는 것은 아닙니다. 왜일까요?

해마다 고기와 유제품을 얻기 위해 가축 650억 마리를 기르는 데 이 곡물들이 사용되기 때문에 전 세계의 약 10억 명이 굶주림에 허덕입니다. 오늘날 대기업들은 사람들로부터 땅을 빼앗아 축산 농장을 더 많이 짓고 있으며, 재배한 곡식은 가축 사료로 사용됩니다.

대기업들에게 우리는 "안 돼!"라고 말을 해야 합니다.
채식을 하는 사람들은 땅과 물을 더 적게 사용하며,
더 많은 자원을 다른 이들과 함께 나눕니다. 이런 사랑이
세상에 널리 퍼져 나가면 더 많은 사람이 환경 오염과
굶주림에서 벗어나 행복하게 살 수 있을 것입니다.

숲

우리가 삶의 방식을 바꾸면, 가축 농장이나 농약으로 오염된 곡물 재배지를 만들기 위해 숲을 없애는 것을 막을 수 있습니다.

우리에게는 정글과 늪, 야생 동식물, 그리고 멸종 위기에 놓인 종들을 보호하고, 지구의 숨결을 지킬 수 있는 힘이 있습니다.

낮은 강바닥에서부터 가장 높은 나무의 꼭대기까지 우리의 사랑이 미치지 않는 곳이 없습니다.

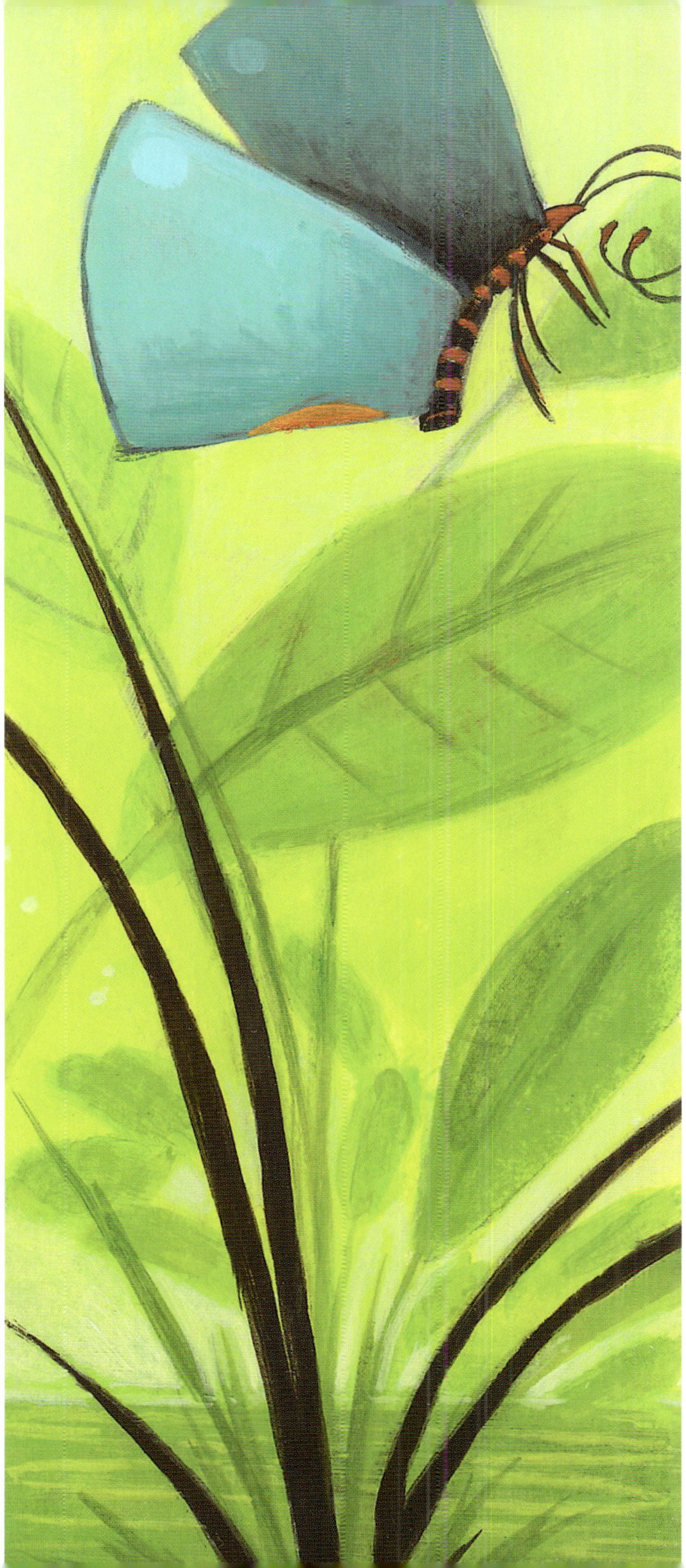
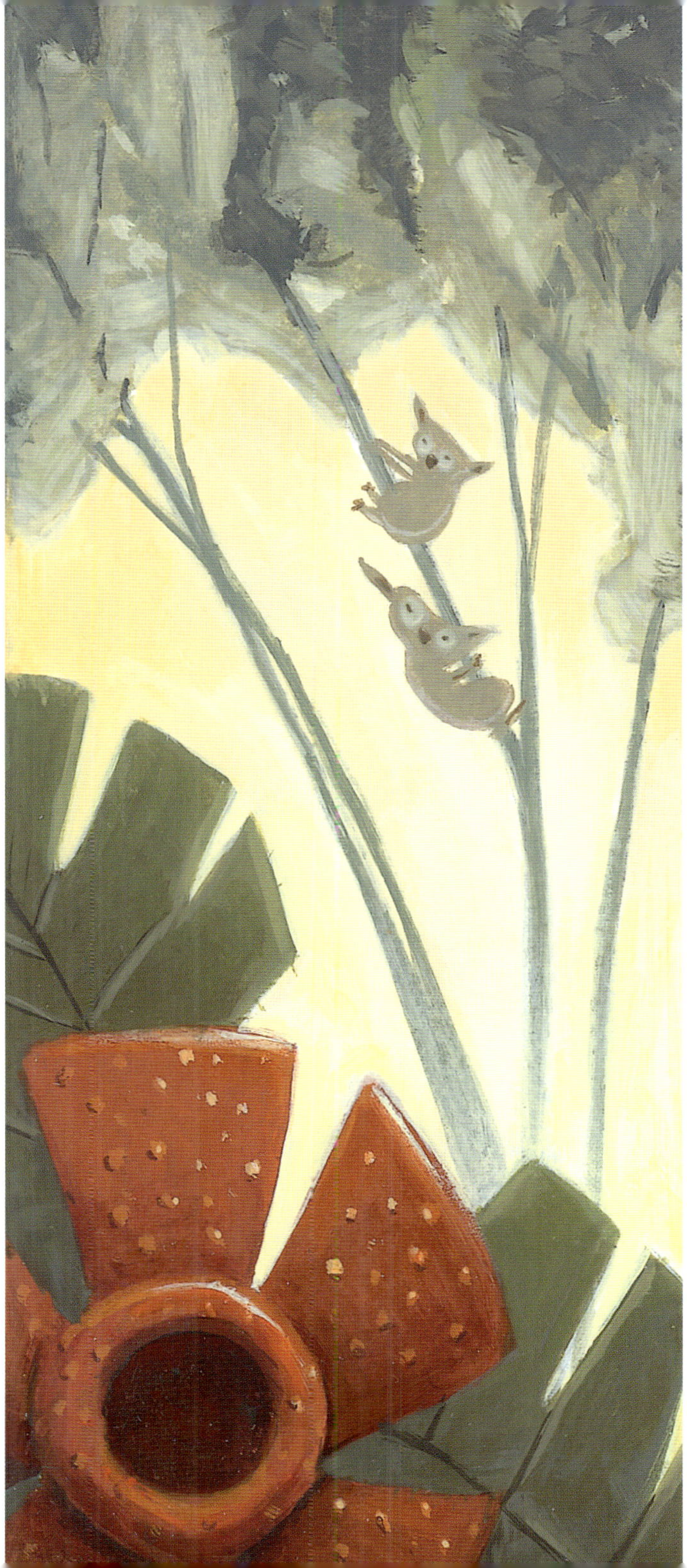

바다

수십억 년 동안 바다는 온갖 생명들로 가득했습니다. 하지만 오늘날 어업은 바다와 그 속의 생명들을 죽이고 있습니다. 많은 어부들은 여전히 법을 어겨 가면서, 바다에 남아 있는 생명들을 잡아서 내다 팝니다.

조그만 물고기를 잡아먹는 것이 어째서 자연에 해가 되는지 상상하는 것은 어렵습니다. 하지만 물고기 한 마리를 접시에 올리기 위해 고깃배가 설치한 그물은 바다 밑바닥까지 헤집고 다니며 바다를 파괴합니다. 그물이 지나가는 길목에 놓인 생명들을 남김없이 죽이고 있죠.

우리가 물고기를 무차별하게 남획하지 않는다면 바다는 시간이 흐르면서 점차 치료되어 다시 생명이 가득하게 될 것입니다. 채식을 하는 우리의 사랑은 깊은 바다 속까지 이를 것입니다.

극지방

지구가 지금보다 시원해지고 깨끗해진다면 극지방의 얼음이 녹는 것도,
야생의 생명들이 사라지는 것도 막을 수 있습니다. 동물 가족들은
더 이상 삶의 터전을 잃지 않을 것입니다.

우리의 사랑은 남극에도 북극에도 가 닿을 것입니다.

우리는 아침, 점심, 저녁을 먹을 때도, 학교에서 공부하거나 놀이터에서 놀 때도 동물을 사랑하는 우리의 마음을 잊지 말아야 합니다. 동물은 우리 일상생활의 일부분이고, 우리의 가슴 한쪽에 늘 자리하고 있습니다. 동물을 볼 때마다 그들과 이곳에 함께 있다는 것을 느낄 수 있습니다. 이 태양 아래에서 함께 숨쉬고, 먹고, 놀고, 사랑하며 같이 사는 것이죠.

결국 내가 무엇을 먹고 어떻게 살아야 할지는 자신만이 결정할 수 있습니다. '나는 어떤 사람이 되고 싶은가?'라는 질문을 자신에게 던지고 그 답을 내리는 데에는 용기가 필요합니다. 채식을 하겠다는 결심은 특히 더욱 용기 있는 행동입니다. 그것은 자신뿐만 아니라 살아 있는 모든 것들을 사랑하겠다는 뜻이기 때문입니다.

우리가 선택하면 힘은 더욱 세집니다.

채식은 곧 사랑이거든요.

이 밖에 또 무엇을 할 수 있을까요?

홈페이지(www.veganislove.com)에 가면 더 많은 아이디어와 정보를 얻을 수 있습니다.

- **동물들과 교감하기**: 반려동물 가게에서 또는 가축 사육자에게 절대로 동물을 사지 마세요. 그 대신 동물을 구조하고, 지역의 야생 동물 구조센터를 방문하거나 동물보호센터에서 자원 활동을 해 보세요.
- **행동하기**: 대기업과 정치인들에게 동물을 보호하고 환경을 지킬 수 있는 방법을 알려주는 편지를 써 보세요.
- **쇼핑**: 자주 가는 식료품 가게와 옷 가게에 동물 성분이 포함되지 않은 제품들을 더 많이 진열해 달라고 요청해 보세요.
- **스스로 만들기**: 채식 요리 만드는 법을 배우고(요리에서부터 비누와 화장품 등도 가능합니다), 이것을 가족, 친구들 그리고 선생님과 함께 해 보세요.
- **집에서**: 집 앞마당을 보호구역으로 만들어 보세요. 새 모이통을 매달아 놓거나 벌들을 위해 꽃을 키워 보세요..
- **환경 지키기**: 동물과 그들의 서식처를 환경 오염으로부터 지키기 위해서 플라스틱을 사용하지 말고 천으로 만든 가방이나 유리 제품으로 바꿔 보세요.
- **선물하기**: 구조된 동물에게 친구의 이름으로 후원을 해 보세요(심지어 코끼리도 '입양'할 수 있답니다!).
- **학교에서**: 우리 학교가 채식에 더욱 가까워지도록 교실과 식당에서, 그리고 소풍을 갈 때에도 이 책을 활용해서 도움을 주세요. 학교 숙제를 하면서, 그리고 과학 축제에 참여해서 채식이 환경과 건강에 가져다주는 이로움에 대해서 배우고 널리 알려 주세요.
- **나누기**: 학교에서 동전 모으기를 해 보세요. 모인 성금은 동물보호구역이나 동물휴식공간을 만드는 데 기부할 수도 있고, 또 동물보호단체를 직접 만들 수도 있답니다.
- **즐기기**: 동물이 아닌 사람이 주인공으로 나오는 미술, 음악 그리고 연극을 찾아 즐겨 보세요.

옮긴이의 말

먹는 것에서부터 사랑을 실천해 보세요!

    이 책의 제목부터 마지막까지 일관된 주제는 바로 '비건은 사랑이다'입니다. 비건(vegan)은 보통 우리말로 완전 채식, 절대 채식 또는 비건 채식 등으로 번역되어 사용되거나 그냥 채식으로 쓰이기도 합니다. 그런데 '비건'은 단순히 무엇을 먹을 것인가, 즉 '무엇을 먹고, 무엇을 먹지 않을 것인가'라는 먹거리에서만 그치는 것이 아니라 우리가 어떻게 살아갈 것인가를 모두 포괄하는 개념입니다. 그러므로 저와 같은 비건인 사람들은 단순히 동물 성분을 먹지 않는 것뿐만 아니라 인간이 동물들을 착취하고, 이용하는 방식 자체에 대한 거부로 나아가 일상생활에서 동물이 포함되었거나 동물 실험을 한 제품을 사용하지 않고, 동물 공연을 보지 않으며, 동물들을 학대하는 모든 것에 대해 거부하고 또 그런 것들을 고치기 위해 노력합니다. 즉 채식이라는 단어는 동물 성분이 포함된 음식을 먹지 않고 식물 성분만을 섭취한다는 의미가 되는데, 그럴 경우 비건 생활방식에 포함된 더욱 중요한 것들이 잘 드러나지 않는 문제가 있습니다.

    저자가 이 책을 쓰기 전에 『우리를 먹지 마세요!』라는 책을 썼다는 것에서도 우리는 이런 사실을 알아볼 수 있습니다. 즉 저자는 채식에 관해 먼저 먹거리 문제에서부터 시작해서 더 깊은 고민을 하며, 인간과 동물 또는 인간과 자연 또는 인간과 생태계가 어떤 관계를 맺고 지내야 우리가 이 지구에서 평화롭게 공존할 수 있는지 질문을 하게 된 것입니다. 결국 지금처럼 인간이 자신만의 필요를 위해 동물들을 살아 있는 생명으로 대접하지 않고 그저 이용할 대상으로 취급한다면, 인간들이 단지 채식을 한다고 해서 지금의 상황이 크게 나아지지는 않을 것입니다.

우리나라에서도 돌고래 쇼로 대표되는 동물 공연이 계속되고 있고, 동물들을 비롯한 모든 생명들을 돈벌이 수단으로 보는 인식이 개선되지 않고 있습니다. 그렇기에 단순히 채식만을 한다고 이런 잘못된 관행들이 바뀌지는 않을 것입니다. 그러므로 비건 채식을 하는 사람들은 모피를 비롯한 가죽 제품도 사용하지 않으며, 동물을 대상화하는 행위에도 반대하게 됩니다.

사실 저도 처음 채식을 시작했을 때는 동물성 음식을 먹지 않으면서도 저도 모르게 가죽 제품을 사용하고, 동물 뼈가 들어간 악기를 쓰고, 동물 공연에 대한 문제의식이 특별히 없었습니다. 그러다가 시간이 지나면서 조금씩 인간이 동물을 마구 학대하면서 소비하는 것이 문제라는 생각이 들었고, 드디어 먹는 것에서부터 일상생활 전체의 문제로 바라보게 되었습니다. '무엇을 먹고 무엇을 먹지 않을 것인가'에서 시작된 고민이 자연스럽게 '어떻게 살아갈 것인가'로 이어진 것입니다. 즉 이전에는 먹는 것에 대해 고민하다가 채식(菜食)을 결심했다면 이제는 의식주(衣食住) 전체로 고민이 깊어진 것입니다. 이에 따라 동물 성분이 들어간 제품이나 동물 실험을 통해 만든 것들은 사지 않게 되었고, 또한 돌고래 쇼 반대운동과 멸종 위기 종 보호 운동에도 앞장서게 되었습니다. 아마 저를 비롯해서 채식을 하는 다른 사람들도 시간이 흐르면 자연스레 이와 같은 인식에 도달할 것이라고 생각합니다.

이 책이 독자들에게 전달하려는 메시지는 간결합니다. 비건, 즉 채식을 바탕으로 한 생활방식은 그

자체가 사랑이라는 것입니다. 왜일까요? 지금까지 우리가 살아 온 세상은 지나친 생산과 자원의 낭비 그리고 과도한 소비를 조장해 왔으며, 이에 따라 지구 온난화와 기후 변화로 환경이 파괴되고, 점점 더 많은 생물들이 멸종 위기에 놓이게 되었습니다. 이와 같은 문제들 때문에 지구 생태계는 심각한 위기를 맞고 있으며, 결국 인간의 생활방식을 근본적으로 전환하지 않으면 안 되는 상황이 되었습니다. 이러한 생태계의 위기는 지금처럼 개인의 탐욕에 기반한 생활이 아니라 서로 배려하고 사회적 약자들과 더불어 살아가는 세상이 되도록 우리의 삶을 조금씩 바꿔 나갈 때 해결될 것입니다. 이러한 삶의 전환은 우리가 자연과 함께하는 기쁨을 일상에서 느낄 때 시작되는 것입니다.

채식에 기반한 생활을 하면 수많은 동물들이 무참히 희생되는 것을 막을 수 있습니다. 채식을 하면 무분별한 소비와 자원의 낭비가 줄어들고, 이에 따라 환경은 덜 파괴될 것입니다. 채식을 하면 나 이외의 생명들과 더욱 가까워지는 것을 느낄 수 있습니다. 닭과 돼지와 물고기 들이 단순한 고깃덩어리가 아니라 따뜻한 피가 흐르는 친구로 보이게 됩니다. 채식을 하게 되면 어느새 알게 됩니다. 저 생명들이 먹거리가 아니라 함께 자연을 구성하는 동반자임을 말이죠.

이것이 바로 사랑입니다. 너 없이는 나도 살 수가 없는 것이 바로 '사랑'입니다. 우리는 지구라는 별에서 모두 함께 살아가야 한다는 것을 깨달을 때, 먹는 것에서부터 시작해 우리의 삶을 진정한 사랑으로 채울 수 있게 될 것입니다. 그래서 '채식은 사랑'입니다.

2013년 4월

조약골

옮긴이 조약골

평택 대추리, 용산참사 현장, 철거농성장 두리반, 제주 강정마을 등지에서 온 세상의 평화와 생명을 지키는 일을 하고 있다. 해군기지 공사가 강행되고 있는 강정 구럼비 앞바다에서 유유히 헤엄치는 멸종 위기 종 남방큰돌고래 무리를 보고 큰 감명을 받아 '핫핑크돌핀스' 활동을 시작했다. 차별 없는 세상, 쫓겨나지 않는 세상을 만드는 꿈을 갖고 있다.

* 핫핑크돌핀스 홈페이지 http://www.hotpinkdolphins.org

채식은 사랑이다

1판 1쇄 발행 2013년 5월 30일
1판 2쇄 발행 2014년 4월 30일

글·그림 루비 로스 옮긴이 조약골 펴낸이 조추자
펴낸곳 두레아이들 등록 2002년 4월 26일 제10-2365호
주소 서울시 마포구 마포대로 14가길 4-11 (공덕1동 105-225) 전화 02)702-2119, 703-8781 팩스 02)715-9420
이메일 dourei@chol.com 블로그 http://blog.naver.com/dourei
ⓒ 두레아이들, 2013 ISBN 978-89-91550-42-1 77840

* 가격은 뒤표지에 적혀 있습니다. 잘못 만들어진 책은 바꾸어 드립니다.
* 두레아이들은 도서출판 두레의 어린이책 출판사입니다.

이 도서의 국립중앙도서관 출판시도서목록(CIP)은 서지정보유통지원시스템 홈페이지(http://seoji.nl.go.kr)와
국가자료공동목록시스템(http://www.nl.go.kr/kolisnet)에서 이용하실 수 있습니다.(CIP제어번호: CIP2013004581)

우리를 먹지 마세요!

루비 로스 글·그림 | 천샘 옮김

★ 행복한 아침독서, 풀꽃평화연구소, 동물자유연대 추천도서
★ 한국채식연합, 경기도 고양시 추천도서
★ 김해도서관, 진양도서관, 송정도서관 추천도서

어린이들에게 육식에 대해 새로운 인식을 심어 주는,
국내에서 처음 선보이는 "어린이들을 위한 채식 그림책"!

"이 책은 이 세상에서 가장 소중하고 아름다운 존재인 우리 각자가 진정 아름다운 존재로 살아가는 길을 안내하고 있기에 추천합니다. 나의 생명을 살리는 제대로 된 먹을거리를 선택하는 일에서부터 생명사랑의 길을 시작하면 좋겠습니다."
　　　　　　　　　　　　　　　　　　　－이상국('한살림' 대표)

"이 책을 읽고 한 번이라도 우리가 먹는 음식과 다른 생명체들에 대해 깊이 생각해 본 어린이는, 내가 소중하듯이 다른 생명체들도 소중하다는 것을 평생 잊지 못할 것입니다."
　　　　　　　　　　　　　　　－최성각(작가, 풀꽃평화연구소장)

"이 책은 어린이는 물론 어른들에게도 세상에서 가장 약자인 동물을 아끼는 길이 곧 우리 자신을 아끼는 길이라는 사실을 일깨워 줄 것입니다."
　　　　　　　　　　　　　　　　　－(사)동물보호시민단체 카라

"로스는 '모든 동물들은 반려동물들처럼 보살핌과 보호를 받을 권리가 있다'고 선언하며, 채식주의의 이유를 어린 독자들에게 들려준다. 어린이들을 일깨워 주고, 호기심을 불러일으킬 것이다."
　　　　　　　　　　　　　　　　　　　－「퍼블리셔스 위클리」

"강렬하고 중요한 책이다. 농장의 동물들도 반려동물들처럼 감정을 가지고 있다는 사실이 로스의 매력적인 그림 속에 잘 나타나 있다. 이 책은 아이들과 부모들을 생각하게 만들고, 그들에게 모든 생명을 존중하고 사랑하는 마음을 심어 줄 것이다."
　　　　　　　　　　　－제인 구달('제인구달연구소' 설립자, UN 평화대사)

"어렸을 때 내가 동물을 먹고 싶어 하지 않는다는 걸 알았다. 이 책은 그러한 본능적인 생각들을 이해할 수 있게 해 주었다. 동물을 사랑하는 사람이면 누구나 꼭 읽어야 하는 책이다."
　　　　　　　　　－앨리시아 실버스톤(배우, 동물권리보호 운동가)

"아이들이 포용력 있고 이해심 있는 현명한 사람이 될 수 있게 도와주는 참신하고 매력 있는 책이다."
　　　　　－잉그리드 뉴커크('동물을 윤리적으로 사랑하는 사람들(PETA)' 설립자)

"루비 로스는 우리 모두를 위해 아주 훌륭한 일을 해냈다. 채식주의자이거나 채식주의자 친구가 있거나, 아니면 단지 채식을 왜 하는지 궁금해 하는 아이들 모두를 위한 책이다."
　　　　　　　　　　　　　　　－존 로빈스(베스트셀러 『음식 혁명』의 저자)

두레와 두레아이들이 만든 좋은 책들

★ 두레아이들 교양서

과학자와 어린이가 함께 파헤치는 지구 온난화
린 체리·게리 브라시 지음 | 데이비드 소벨 교수 서문 | 이충호 옮김

과학자들이 기후 변화의 증거와 해결책을 찾는 방법, 어린이도 지구 온난화를 막을 수 있다는 사실 등을 일러준다.

* 어린이문화진흥회 '좋은 어린이 책', 열린어린이 권장도서
* 학교도서관저널 추천도서, 행복한 아침독서 추천도서

재미있는 돈의 역사
벳시 마에스트로 글 | 줄리오 마에스트로 그림 | 이문희 옮김

돈의 탄생과 발달 과정을 이해하기 쉽고 재미있게 알려주는 교양서이자 역사서. 부록으로 '우리나라 돈의 역사'도 실려 있다.

* 오픈키드 추천도서

신기한 곤충들의 나라
클로드 뉘리자니·마리 페레뉴 글, 사진 | 햇살과나무꾼 옮김 | 김정환 감수

어린이의 눈높이에서 바라본 곤충들 이야기! 칸 영화제 수상작 〈마이크로코스모스〉에서 놀랍고도 신기한 사진들만 모아놓은 책.

* 서울시 교육청 추천도서, 《조선일보》 추천도서

인디언의 선물
: 촉토 인디언이 전하는 나눔의 감동적인 이야기
라루이스 피츠패트릭 글, 그림 | 게리 화이트디어 감수 | 황의방 옮김

자신들을 짓밟았던 백인들이 굶어죽는다는 소식에 도움의 따뜻한 손길을 보내는 가난한 인디언들의 사랑, 용서와 나눔의 감동적인 이야기!

* 열린어린이 권장도서, 아이북랜드 권장도서
* 중학교 1학년 1학기 국어 교과서 수록 작품

물고기가 사라진 세상
마크 쿨란스키 지음 | 프랭크 스톡턴 그림 | 이충호 옮김

물고기의 멸종과 바다 문제를 다룬 첫 어린이 책! 바다의 죽음에 대해 경종을 울리는 동시에 '바다를 살릴 수 있는 희망'도 함께 제시해준다.

* 오픈키드 추천도서

★ 두레아이들 생태읽기

중국을 구한 참새 소녀
사라 페니패커 글 | 요코 타나카 그림 | 신여명 옮김

'참새와의 전쟁' 때 참새는 물론 인간마저 위기에 처했을 때 마을을 구한 한 소녀의 이야기. 인간의 욕심과 생태계 교란이 얼마나 큰 재앙을 몰고 오는지 깨우쳐준다.

* 환경부 우수환경도서

내 이름은 제인 구달
지네트 윈터 글·그림 | 장우봉 옮김

침팬지를 사랑한 위대한 관찰자, 제인 구달 이야기! 생태환경 운동가, 평화운동가이기도 한 제인 구달이 스스로 이루어낸 일들을 중심으로 그의 삶을 들려준다.

* 한국어린이출판협의회 추천도서
* 오픈키드 추천도서

우리를 먹지 마세요!
루비 로스 글·그림 | 천샘 옮김

공장식 축산농장에서 고통스럽게 사는 동물들의 현실을 들여다보는 첫 그림책이자, 우리나라에서 처음 선보이는 '어린이들을 위한 채식 그림책'이다.

* 행복한 아침독서 추천도서
* 동물보호 시민단체 카라(KARA) 추천도서

아기 수달의 머나먼 여행
크리스티앙 부샤르디 글 | 브누아 샤를 그림 | 김주열 옮김

멸종위기에 놓인 수달이 강의 상류에서 하류까지 여행하면서 겪는 험난한 여정을 통해 강의 현실을 보여줌으로써, 자연환경 파괴에 대한 경각심을 일깨워준다.

* 아이북랜드 권장도서

동물들은 왜 화가 났을까?
크리스티앙 부샤르디 글 | 피에르 에지르 그림 | 김주열 옮김

인간의 이기적인 행동에 맞서 동물들이 파업을 벌인다는 이야기를 통해 생태계의 조화와 균형의 소중함, 그리고 생명은 하나의 거미줄이라는 사실을 일깨워주는 우화.

* 평화박물관건립추진위원회 선정 '어린이 평화책'
* 경향 청소년 독서 논술대상 과제도서

바다로 돌아간 돌고래
버지니아 매케너 글 | 이언 앤드루 그림 | 햇살과나무꾼 옮김

웃는 얼굴로 제 고통을 숨긴 채 콘크리트로 된 '인공 바다'인 수조에 갇혀 있던 돌고래가 다시 바다로 돌아가는 과정을 돌고래의 눈을 통해 들려주는 감동적인 그림책. 실제 이야기도 함께 실었다.

* 아이북랜드 권장도서

채식은 사랑이다
루비 로스 글·그림 | 조약골 옮김

『우리를 먹지 마세요』에 이은, 루비 로스의 두 번째 '채식 그림책'. 모피, 동물 실험, 동물원, 해양 수족관, 서커스, 동물경주, 소싸움과 로데오 등의 현실을 보여주면서 '채식은 곧 사랑하는 것'이라는 사실을 일깨워준다.

* 행복한 아침독서 추천도서

★ 두레아이들 그림책

나무를 심은 사람
장지오노 글 | 프레데릭 백 그림 | 햇살과나무꾼 옮김

아무런 보상도 바라지 않고 홀로 나무를 심어, 생명이 사라진 황무지를 생명이 살아 숨쉬는 땅으로 만든 한 사람의 기적 같은 이야기.

* 초등학교 5학년 교과서 수록 작품
* 한국간행물윤리위원회 청소년 권장도서
* 경향 청소년 독서 논술대상 과제도서

위대한 강
프레데릭 백 글·그림 | 햇살과나무꾼 옮김

캐나다의 세인트로렌스 강의 역사를 통해 '위대한' 강이 어떻게 태어나고, 또 사람들에 의해 어떻게 죽어가고 있는지 감동적으로 보여주는 그림책.
* 한국간행물윤리위원회 청소년 권장도서

사람은 무엇으로 사는가
레프 N. 톨스토이 글 | 최숙희 그림 | 김은정 옮김

국내 첫 '그림책 『사람은 무엇으로 사는가』'! 원작을 완역하고, 『괜찮아』, 『모르는 척 공주』의 저자이자 '볼로냐도서전 올해의 일러스트레이터' 최숙희 작가가 그림을 그렸다.
* 한국간행물윤리위원회 청소년 권장도서, 네이버 '오늘의 책'

사랑이 있는 곳에 신이 있다
레프 N. 톨스토이 글 | 최수연 그림 | 김은정 옮김

이웃에 대한 관심과 사랑의 소중함을 일깨워주는 동화 '구두장이 마틴'의 원작을 완역한 그림책. 『나의 라임오렌지 나무』등에 삽화를 그린 최수연 작가의 그림은 원작의 감동을 더욱 풍부하게 전해준다.

큰 바위 얼굴
너새니얼 호손 글 | 김근희 그림 | 이현주 옮김

'큰 바위 얼굴'이라는 소재를 통해 다양한 인간상을 보여주면서 이상적인 인간상을 추구한, 너새니얼 호손의 대표적인 단편소설. 우리나라에서 처음으로 선보이는 『큰 바위 얼굴』의 완역 그림책이다.

어느 작은 사건
루쉰 지음 | 이담 그림 | 전형준 옮김

중국 현대소설의 아버지라 불리는 루쉰의 자전적 단편. "희망이 어떻게 가능한가를 이 작품에서 배웁니다. 그 배움을 독자 여러분과 함께하고 싶습니다."(옮긴이)
* 교보문고 추천도서

별
알퐁스 도데 글 | 윤종태 그림 | 김영신 옮김

프랑스를 대표하는 작가 알퐁스 도데의 대표작으로, 프랑스 학생들이라면 누구나 읽어야 하는 작품, 『별』. 풍부한 서정과 잔잔한 묘사가 뛰어난 이 작품이 그림책으로 새롭게 태어난다.

★ 괜찮아, 괜찮아 시리즈

나는 두 집에 살아요
마리안드 스멧 글 | 닝커 탈스마 그림 | 정신재 옮김

이혼 때문에 고통받고 혼란스러워하는 아이들을 치유할 수 있는 책. 부모님이 헤어져 따로 살게 된 아이의 소박하고도 희망적인 이야기!
* 행복한 아침독서 추천도서, 교보문고 추천도서

할머니는 어디로 갔을까
아르노 알메라 글 | 로뱅 그림 | 이충호 옮김

'죽음'에 대한 궁금증에 대해 시적이고 진지하게 답을 해 준다. 그리고 가족의 죽음을 경험한 아이에게 거짓말을 하거나 겁을 주는 일 없이 슬픔을 이겨내도록 도와준다.
* 오픈키드 추천도서

누구나 공주님
브리짓 민느 글 | 메이럴 다케르만 그림 | 정신재 옮김

'외모 콤플렉스'에 빠진 딸과, 이 문제를 함께 고민하고 풀어가는 아빠의 이야기. 마리케는 아빠와 함께 다양한 사람을 만난 뒤 새로운 사실을 깨닫는데……
* 행복한 아침독서 추천도서, 오픈키드 추천도서

안 돼, 내 사과야!
그웬돌린 레송 글 | 알하임 압델젤릴 그림 | 이충호 옮김

이기적인 마음보다 남을 배려하는 마음이 더 큰 행복을 가져온다는 진리를 일깨워준다. "맑고 따뜻한 그림에 마음까지 훈훈해지는 그림책!"(최숙희, 『괜찮아』의 저자)
* 행복한 아침독서(책등이) 추천도서, 한국유치원총연합회 추천도서, 오픈키드 추천도서

절대로 실수하지 않는 아이
마크 펫, 개리 루빈스타인 글 | 마크 펫 그림 | 노경실 옮김

실수를 모르는 완벽함을 추구하는 아이(와 부모)들이 꼭 읽어야 할 책. "실수로부터 배우고, 발전하고, 웃고, 즐겨라!"《뉴욕타임스》

토드의 텔레비전(근간)
제임스 프로이모스 글·그림

언제나 바쁜 토드의 부모님을 대신해 토드의 삶의 동반자가 되는 텔레비전. 우스꽝스러운 이야기이지만 많은 부모들의 마음을 슬프게 만든 화제의 책!

★ 두레아이들 인물 읽기

제인 구달의 내가 사랑한 침팬지
제인 구달 지음 | 햇살과나무꾼 옮김

제인 구달이 어린이들을 위해 쓴 유일한 자서전. 평생 침팬지를 연구하고 지금은 환경 운동에 온 힘을 쏟고 있는 제인 구달이 40여 년 동안 찍은 사진과 제인 구달 특유의 절제된 이야기가 잘 어우러진 책.
* 초등학교 교과서(3-1) 수록도서, '환경책 큰잔치' 다음 100년을 살릴 어린이 환경책, 열린어린이 권장도서

레이첼 카슨: 지구의 목소리
진저 워즈워스 지음 | 황의방 옮김

『침묵의 봄』으로 현대 생태환경운동을 이끈 선구자이자 20세기를 변화시킨 사람, 레이첼 카슨의 삶을 꼼꼼하게 쓴 책. 레이첼의 삶과 자연에 대한 사랑을 통해 지구가 얼마나 아름다운 곳인지, 왜 지구를 보호해야 하는지를 깨닫게 해준다.
* 학교도서관저널 추천도서

헨리 데이비드 소로: 자연과 더불어 자연을 노래한 시인
엘리자베스 링 지음 | 강미경 옮김

『월든』의 작가이자, 간디의 삶에 가장 많은 영향을 준 소로의 아동용 전기. 소로의 삶은 동시대보다 현재의 우리에게 더 큰 교훈과 희망을 던져준다. 자연을 바라보는 새로운 눈을 갖게 해준다. * 행복한 아침독서 추천도서

넬슨 만델라: 자유를 향한 머나먼 길
넬슨 만델라·크리스 반 위크(축약) 지음 | 패디 보머 그림 | 강미경 옮김

남아공 최초의 흑인 대통령 넬슨 만델라의 자서전 『자유를 향한 머나먼 길』을 바탕으로, 아이들에게 자유를 위해 온 삶을 바친 만델라의 삶을 들려주는 책!

★ 두레아이들 고전 읽기

혜초의 대여행기 왕오천축국전
강윤봉 지음 | 정수일 감수

『동방견문록』 등과 함께 세계 4대 여행기로 손꼽히는 『왕오천축국전』은 혜초가 천축(인도)과 서역을 여행하고 남긴 여행기이자 문명탐험기이다. 또한 우리나라에서 가장 오래된 책이다. 『혜초의 대여행기 왕오천축국전』은 이 국보급의 고전을 청소년들이 이해하기 쉽게 들려준다. 원전을 될수록 그대로 인용하고 풀어 씀으로써 원전의 뜻을 살렸고, 『왕오천축국전』과 관련된 국내 최고의 사진과 자료들을 실어 현장성과 생동감을 느낄 수 있게 해준다.

* 오픈키드 이달의 책, 한국문명교류연구소 청소년 교양총서 1

이븐 바투타 여행기(근간)
김승신 지음 | 정수일 감수

세계 4대여행기의 하나로 손꼽히는 이야기. 이븐 바투타가 1325년부터 1354년까지 서남아시아, 유럽, 동아프리카 등 오늘날 국경을 기준으로 44개국 12만 킬로미터를 여행하고 남긴 대기록.

* 한국문명교류연구소 청소년 교양총서 2

★ 더불어 사는 지혜를 심어주는 책

하늘 나무
토머스 로커 · 캔도스 크리스티안센 지음 | 토머스 로커 그림 | 신여명 옮김

아름다운 그림과 감성적인 글이 빚어낸 '나무와 하늘의 사계(四季)'로 자연의 과학적 사실들과 자연의 경이로움을 일깨워주는 책! 자연주의 화가 로커의 그림은 하나하나가 작품이다.

* 행복한 아침독서 추천도서
* 어린이문화진흥회 '좋은 어린이 책'
* 학교도서관저널 추천도서

숲이 어디로 갔지?(개정판)
베른트 M. 베이어 지음 | 유혜자 옮김

자연과 환경 관련 전문기자 출신의 작가가 쓴, 자연의 입장에서 인간을 바라본 독일의 유명한 환경교육 동화! 사람들이 자연과 일상 속에서 하찮은 사물들에 대해 얼마나 무심했는지를 꾸짖는다.

* 〈중앙일보〉 추천도서

작은 인디언의 숲
어니스트 톰슨 시튼 글 · 그림 | 햇살과나무꾼 옮김

『동물기』의 작가 시튼이 쓴 자연에 관한 위대한 고전이자 자전적 소설! 자신의 체험을 바탕으로 숲에 대한 지식과 따뜻한 웃음, 그리고 가슴 뭉클한 감동을 전해준다.

나무를 심은 사람(팝업북)
장 지오노 지음 | 조엘 졸리베 그림 | 신대범 옮김

소리 없이 사람들을 바꾸고 세상을 변화시키는 감동적인 이야기, 법정 스님이 사랑한 책, 『나무를 심은 사람』의 팝업북!

* 초등학교 교과서 수록 작품
* 환경부 우수환경도서

남을 배려하는 마음을 일깨워 주는 황금률
아일린 쿠퍼 지음 | 가비 스비아트코브스카 그림 | 정선심 옮김

"네가 남에게 바라는 대로 남에게 해 주어라!" 이것이 동서고금을 막론하고 변치 않는 진리인 황금률이다. 모든 인간관계의 시작이자 끝이라는 '황금률'이 무엇이고, 어떻게 실천하는지 들려준다.

* 어린이문화진흥회 '좋은 어린이 책'
* 미국 육아출판상 황금상 수상

마더 테레사가 들려준 이야기
에드워드 르 졸리 · 자야 찰리하 지음 | 앨런 드러먼드 그림 | 황의방 옮김

가난한 사람들의 어머니이자 '살아있는 성인'이었던 마더 테레사에게 감동과 영감을 주었던, 따뜻하고 훈훈한 열 가지 사랑과 나눔 이야기. 감동과 함께 사랑과 나눔의 참뜻을 일깨워주는 책.

* 행복한 아침독서 추천도서

★ '사랑해, 사랑해' 시리즈

다른 엄마 데려올래요!
브리기테 랍 지음 | 마뉴엘라 올텐 그림 | 유혜자 옮김

아이의 진솔한 생각과 행동을 통해 아이 스스로 가족의 소중함을 깨닫고, 가족들을 이해하게 되는 이야기.

* 서울시립어린이도서관 권장도서, 전주시립도서관 추천도서

뒤죽박죽
릴리 라롱즈 글 · 그림 | 유지연 옮김

바나나 껍질 하나 때문에 벌어지는 기상천외한 일들을 보여줌으로써 더불어 사는 것이 무엇인지 일깨워주는 책!

* 오픈키드 추천도서

악어의 어느 아름다운 하루
발레리 지두 글 | 실비 세르프리 그림 | 하소희 옮김

야생동물들의 적이자 무서운 포식자, 악어. 작은 새 한 마리 때문에 눈앞의 먹이를 놓치지만, 오히려 악어는 다른 동물들과 친구가 되는 기분 좋은 경험을 하는데…….

★ 함께 읽으면 좋은 소설

바보들의 나라, 켈름
아이작 B. 싱어 지음 | 유리 슐레비츠 그림 | 강미경 옮김

노벨 문학상 수상 작가 아이작 B. 싱어가 들려주는 유쾌하면서 풍자적인 고전 동화, 삶에 지친 아이들에게 웃음과 지혜를 주는 진짜 순수하고 행복한 바보들의 이야기!

* 학교도서관저널 추천도서

아빠의 만세발가락
리타 페르스휘르 지음 | 유혜자 옮김

'그림을 통해 세상을 이해하는 아이, 왼손잡이에다가 엄마가 둘인 아이, 리타의 맑고 진솔한 이야기. 아이들에게 자신의 정체성과 가족의 의미를 다시 생각하게 해준다.

* 월간 북새통 추천도서, 네덜란드 최고 문학상 '황금부엉이상' 수상